Restroom

Das ultimative Toilettengästebuch für besondere Freunde und Gäste!

Die Hafenprinzessin

Dieses Buch gehört:

Impressum

Verantwortlich

Christian Flick / Mathias Weber
youneo projects flick und weber GbR, Poststraße 1, 49326 Melle
info@youneoprojects.de, www.youneoprojects.de

Herstellung und Verlag

BoD - Books on Demand, Norderstedt

Bildquellen

ISBN: 9783749483211

Geschäftsbericht

Name des Toilettengastes

Der wievielte „Boxenstop“ ist es heute hier für dich?

Wie gefällt dir diese Toilette?

Gibt es Verbesserungspotenzial an diesem Raum?

Wieviele Lagen bevorzugst du beim Toilettenpapier?

Magst du uns spontan ein nettes Zitat hier hinterlassen?

Hast du Randanmerkungen zum heutigen Tag?

Geschäftsbericht

Name des Toilettengastes

Der wievielte „Boxenstop“ ist es heute hier für dich?

Wie gefällt dir diese Toilette?

Gibt es Verbesserungspotenzial an diesem Raum?

Wieviele Lagen bevorzugst du beim Toilettenpapier?

Magst du uns spontan ein nettes Zitat hier hinterlassen?

Hast du Randanmerkungen zum heutigen Tag?

Geschäftsbericht

Name des Toilettengastes

Der wievielte „Boxenstop“ ist es heute hier für dich?

Wie gefällt dir diese Toilette?

Gibt es Verbesserungspotenzial an diesem Raum?

Wieviele Lagen bevorzugst du beim Toilettenpapier?

Magst du uns spontan ein nettes Zitat hier hinterlassen?

Hast du Randanmerkungen zum heutigen Tag?

Geschäftsbericht

Name des Toilettengastes

Der wievielte „Boxenstop“ ist es heute hier für dich?

Wie gefällt dir diese Toilette?

Gibt es Verbesserungspotenzial an diesem Raum?

Wieviele Lagen bevorzugst du beim Toilettenpapier?

Magst du uns spontan ein nettes Zitat hier hinterlassen?

Hast du Randanmerkungen zum heutigen Tag?

Geschäftsbericht

Name des Toilettengastes

Der wievielte „Boxenstop“ ist es heute hier für dich?

Wie gefällt dir diese Toilette?

Gibt es Verbesserungspotenzial an diesem Raum?

Wieviele Lagen bevorzugst du beim Toilettenpapier?

Magst du uns spontan ein nettes Zitat hier hinterlassen?

Hast du Randanmerkungen zum heutigen Tag?

Geschäftsbericht

Name des Toilettengastes

Der wievielte „Boxenstop" ist es heute hier für dich?

Wie gefällt dir diese Toilette?

Gibt es Verbesserungspotenzial an diesem Raum?

Wieviele Lagen bevorzugst du beim Toilettenpapier?

Magst du uns spontan ein nettes Zitat hier hinterlassen?

Hast du Randanmerkungen zum heutigen Tag?

Geschäftsbericht

Name des Toilettengastes

Der wievielte „Boxenstop“ ist es heute hier für dich?

Wie gefällt dir diese Toilette?

Gibt es Verbesserungspotenzial an diesem Raum?

Wieviele Lagen bevorzugst du beim Toilettenpapier?

Magst du uns spontan ein nettes Zitat hier hinterlassen?

Hast du Randanmerkungen zum heutigen Tag?

Geschäftsbericht

Name des Toilettengastes

Der wievielte „Boxenstop“ ist es heute hier für dich?

Wie gefällt dir diese Toilette?

Gibt es Verbesserungspotenzial an diesem Raum?

Wieviele Lagen bevorzugst du beim Toilettenpapier?

Magst du uns spontan ein nettes Zitat hier hinterlassen?

Hast du Randanmerkungen zum heutigen Tag?

Geschäftsbericht

Name des Toilettengastes

Der wievielte „Boxenstop" ist es heute hier für dich?

Wie gefällt dir diese Toilette?

Gibt es Verbesserungspotenzial an diesem Raum?

Wieviele Lagen bevorzugst du beim Toilettenpapier?

Magst du uns spontan ein nettes Zitat hier hinterlassen?

Hast du Randanmerkungen zum heutigen Tag?

Geschäftsbericht

Name des Toilettengastes

Der wievielte „Boxenstop" ist es heute hier für dich?

Wie gefällt dir diese Toilette?

Gibt es Verbesserungspotenzial an diesem Raum?

Wieviele Lagen bevorzugst du beim Toilettenpapier?

Magst du uns spontan ein nettes Zitat hier hinterlassen?

Hast du Randanmerkungen zum heutigen Tag?

Geschäftsbericht

Name des Toilettengastes

Der wievielte „Boxenstop“ ist es heute hier für dich?

Wie gefällt dir diese Toilette?

Gibt es Verbesserungspotenzial an diesem Raum?

Wieviele Lagen bevorzugst du beim Toilettenpapier?

Magst du uns spontan ein nettes Zitat hier hinterlassen?

Hast du Randanmerkungen zum heutigen Tag?

Geschäftsbericht

Name des Toilettengastes

Der wievielte „Boxenstop" ist es heute hier für dich?

Wie gefällt dir diese Toilette?

Gibt es Verbesserungspotenzial an diesem Raum?

Wieviele Lagen bevorzugst du beim Toilettenpapier?

Magst du uns spontan ein nettes Zitat hier hinterlassen?

Hast du Randanmerkungen zum heutigen Tag?

Geschäftsbericht

Name des Toilettengastes

Der wievielte „Boxenstop“ ist es heute hier für dich?

Wie gefällt dir diese Toilette?

Gibt es Verbesserungspotenzial an diesem Raum?

Wieviele Lagen bevorzugst du beim Toilettenpapier?

Magst du uns spontan ein nettes Zitat hier hinterlassen?

Hast du Randanmerkungen zum heutigen Tag?

Geschäftsbericht

Name des Toilettengastes

Der wievielte „Boxenstop" ist es heute hier für dich?

Wie gefällt dir diese Toilette?

Gibt es Verbesserungspotenzial an diesem Raum?

Wieviele Lagen bevorzugst du beim Toilettenpapier?

Magst du uns spontan ein nettes Zitat hier hinterlassen?

Hast du Randanmerkungen zum heutigen Tag?

Geschäftsbericht

Name des Toilettengastes

Der wievielte „Boxenstop“ ist es heute hier für dich?

Wie gefällt dir diese Toilette?

Gibt es Verbesserungspotenzial an diesem Raum?

Wieviele Lagen bevorzugst du beim Toilettenpapier?

Magst du uns spontan ein nettes Zitat hier hinterlassen?

Hast du Randanmerkungen zum heutigen Tag?

Geschäftsbericht

Name des Toilettengastes

Der wievielte „Boxenstop" ist es heute hier für dich?

Wie gefällt dir diese Toilette?

Gibt es Verbesserungspotenzial an diesem Raum?

Wieviele Lagen bevorzugst du beim Toilettenpapier?

Magst du uns spontan ein nettes Zitat hier hinterlassen?

Hast du Randanmerkungen zum heutigen Tag?

Geschäftsbericht

Name des Toilettengastes

Der wievielte „Boxenstop" ist es heute hier für dich?

Wie gefällt dir diese Toilette?

Gibt es Verbesserungspotenzial an diesem Raum?

Wieviele Lagen bevorzugst du beim Toilettenpapier?

Magst du uns spontan ein nettes Zitat hier hinterlassen?

Hast du Randanmerkungen zum heutigen Tag?

Geschäftsbericht

Name des Toilettengastes

Der wievielte „Boxenstop“ ist es heute hier für dich?

Wie gefällt dir diese Toilette?

Gibt es Verbesserungspotenzial an diesem Raum?

Wieviele Lagen bevorzugst du beim Toilettenpapier?

Magst du uns spontan ein nettes Zitat hier hinterlassen?

Hast du Randanmerkungen zum heutigen Tag?

Geschäftsbericht

Name des Toilettengastes

Der wievielte „Boxenstop" ist es heute hier für dich?

Wie gefällt dir diese Toilette?

Gibt es Verbesserungspotenzial an diesem Raum?

Wieviele Lagen bevorzugst du beim Toilettenpapier?

Magst du uns spontan ein nettes Zitat hier hinterlassen?

Hast du Randanmerkungen zum heutigen Tag?

Geschäftsbericht

Name des Toilettengastes

Der wievielte „Boxenstop“ ist es heute hier für dich?

Wie gefällt dir diese Toilette?

Gibt es Verbesserungspotenzial an diesem Raum?

Wieviele Lagen bevorzugst du beim Toilettenpapier?

Magst du uns spontan ein nettes Zitat hier hinterlassen?

Hast du Randanmerkungen zum heutigen Tag?

Geschäftsbericht

Name des Toilettengastes

Der wievielte „Boxenstop“ ist es heute hier für dich?

Wie gefällt dir diese Toilette?

Gibt es Verbesserungspotenzial an diesem Raum?

Wieviele Lagen bevorzugst du beim Toilettenpapier?

Magst du uns spontan ein nettes Zitat hier hinterlassen?

Hast du Randanmerkungen zum heutigen Tag?

Geschäftsbericht

Name des Toilettengastes

Der wievielte „Boxenstop“ ist es heute hier für dich?

Wie gefällt dir diese Toilette?

Gibt es Verbesserungspotenzial an diesem Raum?

Wieviele Lagen bevorzugst du beim Toilettenpapier?

Magst du uns spontan ein nettes Zitat hier hinterlassen?

Hast du Randanmerkungen zum heutigen Tag?

Geschäftsbericht

Name des Toilettengastes

Der wievielte „Boxenstop“ ist es heute hier für dich?

Wie gefällt dir diese Toilette?

Gibt es Verbesserungspotenzial an diesem Raum?

Wieviele Lagen bevorzugst du beim Toilettenpapier?

Magst du uns spontan ein nettes Zitat hier hinterlassen?

Hast du Randanmerkungen zum heutigen Tag?

Geschäftsbericht

Name des Toilettengastes

Der wievielte „Boxenstop“ ist es heute hier für dich?

Wie gefällt dir diese Toilette?

Gibt es Verbesserungspotenzial an diesem Raum?

Wieviele Lagen bevorzugst du beim Toilettenpapier?

Magst du uns spontan ein nettes Zitat hier hinterlassen?

Hast du Randanmerkungen zum heutigen Tag?

Geschäftsbericht

Name des Toilettengastes

Der wievielte „Boxenstop“ ist es heute hier für dich?

Wie gefällt dir diese Toilette?

Gibt es Verbesserungspotenzial an diesem Raum?

Wieviele Lagen bevorzugst du beim Toilettenpapier?

Magst du uns spontan ein nettes Zitat hier hinterlassen?

Hast du Randanmerkungen zum heutigen Tag?

Geschäftsbericht

Name des Toilettengastes

Der wievielte „Boxenstop“ ist es heute hier für dich?

Wie gefällt dir diese Toilette?

Gibt es Verbesserungspotenzial an diesem Raum?

Wieviele Lagen bevorzugst du beim Toilettenpapier?

Magst du uns spontan ein nettes Zitat hier hinterlassen?

Hast du Randanmerkungen zum heutigen Tag?

Geschäftsbericht

Name des Toilettengastes

Der wievielte „Boxenstop“ ist es heute hier für dich?

Wie gefällt dir diese Toilette?

Gibt es Verbesserungspotenzial an diesem Raum?

Wieviele Lagen bevorzugst du beim Toilettenpapier?

Magst du uns spontan ein nettes Zitat hier hinterlassen?

Hast du Randanmerkungen zum heutigen Tag?

Geschäftsbericht

Name des Toilettengastes

Der wievielte „Boxenstop“ ist es heute hier für dich?

Wie gefällt dir diese Toilette?

Gibt es Verbesserungspotenzial an diesem Raum?

Wieviele Lagen bevorzugst du beim Toilettenpapier?

Magst du uns spontan ein nettes Zitat hier hinterlassen?

Hast du Randanmerkungen zum heutigen Tag?

Geschäftsbericht

Name des Toilettengastes

Der wievielte „Boxenstop" ist es heute hier für dich?

Wie gefällt dir diese Toilette?

Gibt es Verbesserungspotenzial an diesem Raum?

Wieviele Lagen bevorzugst du beim Toilettenpapier?

Magst du uns spontan ein nettes Zitat hier hinterlassen?

Hast du Randanmerkungen zum heutigen Tag?

Geschäftsbericht

Name des Toilettengastes

Der wievielte „Boxenstop“ ist es heute hier für dich?

Wie gefällt dir diese Toilette?

Gibt es Verbesserungspotenzial an diesem Raum?

Wieviele Lagen bevorzugst du beim Toilettenpapier?

Magst du uns spontan ein nettes Zitat hier hinterlassen?

Hast du Randanmerkungen zum heutigen Tag?

Geschäftsbericht

Name des Toilettengastes

Der wievielte „Boxenstop" ist es heute hier für dich?

Wie gefällt dir diese Toilette?

Gibt es Verbesserungspotenzial an diesem Raum?

Wieviele Lagen bevorzugst du beim Toilettenpapier?

Magst du uns spontan ein nettes Zitat hier hinterlassen?

Hast du Randanmerkungen zum heutigen Tag?

Geschäftsbericht

Name des Toilettengastes

Der wievielte „Boxenstop" ist es heute hier für dich?

Wie gefällt dir diese Toilette?

Gibt es Verbesserungspotenzial an diesem Raum?

Wieviele Lagen bevorzugst du beim Toilettenpapier?

Magst du uns spontan ein nettes Zitat hier hinterlassen?

Hast du Randanmerkungen zum heutigen Tag?

Geschäftsbericht

Name des Toilettengastes

Der wievielte „Boxenstop“ ist es heute hier für dich?

Wie gefällt dir diese Toilette?

Gibt es Verbesserungspotenzial an diesem Raum?

Wieviele Lagen bevorzugst du beim Toilettenpapier?

Magst du uns spontan ein nettes Zitat hier hinterlassen?

Hast du Randanmerkungen zum heutigen Tag?

Geschäftsbericht

Name des Toilettengastes

Der wievielte „Boxenstop" ist es heute hier für dich?

Wie gefällt dir diese Toilette?

Gibt es Verbesserungspotenzial an diesem Raum?

Wieviele Lagen bevorzugst du beim Toilettenpapier?

Magst du uns spontan ein nettes Zitat hier hinterlassen?

Hast du Randanmerkungen zum heutigen Tag?

Geschäftsbericht

Name des Toilettengastes

Der wievielte „Boxenstop" ist es heute hier für dich?

Wie gefällt dir diese Toilette?

Gibt es Verbesserungspotenzial an diesem Raum?

Wieviele Lagen bevorzugst du beim Toilettenpapier?

Magst du uns spontan ein nettes Zitat hier hinterlassen?

Hast du Randanmerkungen zum heutigen Tag?

Geschäftsbericht

Name des Toilettengastes

Der wievielte „Boxenstop“ ist es heute hier für dich?

Wie gefällt dir diese Toilette?

Gibt es Verbesserungspotenzial an diesem Raum?

Wieviele Lagen bevorzugst du beim Toilettenpapier?

Magst du uns spontan ein nettes Zitat hier hinterlassen?

Hast du Randanmerkungen zum heutigen Tag?

Geschäftsbericht

Name des Toilettengastes

Der wievielte „Boxenstop“ ist es heute hier für dich?

Wie gefällt dir diese Toilette?

Gibt es Verbesserungspotenzial an diesem Raum?

Wieviele Lagen bevorzugst du beim Toilettenpapier?

Magst du uns spontan ein nettes Zitat hier hinterlassen?

Hast du Randanmerkungen zum heutigen Tag?

Geschäftsbericht

Name des Toilettengastes

Der wievielte „Boxenstop“ ist es heute hier für dich?

Wie gefällt dir diese Toilette?

Gibt es Verbesserungspotenzial an diesem Raum?

Wieviele Lagen bevorzugst du beim Toilettenpapier?

Magst du uns spontan ein nettes Zitat hier hinterlassen?

Hast du Randanmerkungen zum heutigen Tag?

Geschäftsbericht

Name des Toilettengastes

Der wievielte „Boxenstop" ist es heute hier für dich?

Wie gefällt dir diese Toilette?

Gibt es Verbesserungspotenzial an diesem Raum?

Wieviele Lagen bevorzugst du beim Toilettenpapier?

Magst du uns spontan ein nettes Zitat hier hinterlassen?

Hast du Randanmerkungen zum heutigen Tag?

Geschäftsbericht

Name des Toilettengastes

Der wievielte „Boxenstop“ ist es heute hier für dich?

Wie gefällt dir diese Toilette?

Gibt es Verbesserungspotenzial an diesem Raum?

Wieviele Lagen bevorzugst du beim Toilettenpapier?

Magst du uns spontan ein nettes Zitat hier hinterlassen?

Hast du Randanmerkungen zum heutigen Tag?

Geschäftsbericht

Name des Toilettengastes

Der wievielte „Boxenstop" ist es heute hier für dich?

Wie gefällt dir diese Toilette?

Gibt es Verbesserungspotenzial an diesem Raum?

Wieviele Lagen bevorzugst du beim Toilettenpapier?

Magst du uns spontan ein nettes Zitat hier hinterlassen?

Hast du Randanmerkungen zum heutigen Tag?

Geschäftsbericht

Name des Toilettengastes

Der wievielte „Boxenstop“ ist es heute hier für dich?

Wie gefällt dir diese Toilette?

Gibt es Verbesserungspotenzial an diesem Raum?

Wieviele Lagen bevorzugst du beim Toilettenpapier?

Magst du uns spontan ein nettes Zitat hier hinterlassen?

Hast du Randanmerkungen zum heutigen Tag?

Geschäftsbericht

Name des Toilettengastes

Der wievielte „Boxenstop“ ist es heute hier für dich?

Wie gefällt dir diese Toilette?

Gibt es Verbesserungspotenzial an diesem Raum?

Wieviele Lagen bevorzugst du beim Toilettenpapier?

Magst du uns spontan ein nettes Zitat hier hinterlassen?

Hast du Randanmerkungen zum heutigen Tag?

Geschäftsbericht

Name des Toilettengastes

Der wievielte „Boxenstop“ ist es heute hier für dich?

Wie gefällt dir diese Toilette?

Gibt es Verbesserungspotenzial an diesem Raum?

Wieviele Lagen bevorzugst du beim Toilettenpapier?

Magst du uns spontan ein nettes Zitat hier hinterlassen?

Hast du Randanmerkungen zum heutigen Tag?

Geschäftsbericht

Name des Toilettengastes

Der wievielte „Boxenstop“ ist es heute hier für dich?

Wie gefällt dir diese Toilette?

Gibt es Verbesserungspotenzial an diesem Raum?

Wieviele Lagen bevorzugst du beim Toilettenpapier?

Magst du uns spontan ein nettes Zitat hier hinterlassen?

Hast du Randanmerkungen zum heutigen Tag?

Geschäftsbericht

Name des Toilettengastes

Der wievielte „Boxenstop" ist es heute hier für dich?

Wie gefällt dir diese Toilette?

Gibt es Verbesserungspotenzial an diesem Raum?

Wieviele Lagen bevorzugst du beim Toilettenpapier?

Magst du uns spontan ein nettes Zitat hier hinterlassen?

Hast du Randanmerkungen zum heutigen Tag?

Geschäftsbericht

Name des Toilettengastes

Der wievielte „Boxenstop" ist es heute hier für dich?

Wie gefällt dir diese Toilette?

Gibt es Verbesserungspotenzial an diesem Raum?

Wieviele Lagen bevorzugst du beim Toilettenpapier?

Magst du uns spontan ein nettes Zitat hier hinterlassen?

Hast du Randanmerkungen zum heutigen Tag?

Geschäftsbericht

Name des Toilettengastes

Der wievielte „Boxenstop“ ist es heute hier für dich?

Wie gefällt dir diese Toilette?

Gibt es Verbesserungspotenzial an diesem Raum?

Wieviele Lagen bevorzugst du beim Toilettenpapier?

Magst du uns spontan ein nettes Zitat hier hinterlassen?

Hast du Randanmerkungen zum heutigen Tag?

Geschäftsbericht

Name des Toilettengastes

Der wievielte „Boxenstop" ist es heute hier für dich?

Wie gefällt dir diese Toilette?

Gibt es Verbesserungspotenzial an diesem Raum?

Wieviele Lagen bevorzugst du beim Toilettenpapier?

Magst du uns spontan ein nettes Zitat hier hinterlassen?

Hast du Randanmerkungen zum heutigen Tag?

Geschäftsbericht

Name des Toilettengastes

Der wievielte „Boxenstop" ist es heute hier für dich?

Wie gefällt dir diese Toilette?

Gibt es Verbesserungspotenzial an diesem Raum?

Wieviele Lagen bevorzugst du beim Toilettenpapier?

Magst du uns spontan ein nettes Zitat hier hinterlassen?

Hast du Randanmerkungen zum heutigen Tag?

Geschäftsbericht

Name des Toilettengastes

Der wievielte „Boxenstop“ ist es heute hier für dich?

Wie gefällt dir diese Toilette?

Gibt es Verbesserungspotenzial an diesem Raum?

Wieviele Lagen bevorzugst du beim Toilettenpapier?

Magst du uns spontan ein nettes Zitat hier hinterlassen?

Hast du Randanmerkungen zum heutigen Tag?